CANCIONERO DE RETAZOS

Mamen Pérez

COLECCIÓN ITES

CANCIONERO DE RETAZOS

© Mamen Pérez Pérez
© de esta edición: Olé Libros, 2024

ISBN: 978-84-10053-68-7
Depósito legal: V-3252-2024
Impreso en España

KALOSINI, S. L.
Grupo editorial **olé libros**
equipo@olelibros.com
www.olelibros.com

A mis padres y hermanas, por su apoyo incondicional.

A mi aquelarre, por guiarme a través de las sombras.

A Leia, Uhura, Roji e Iris, por cada ronroneo que me regaláis.

Y a mi Rexete, para que lo escuches desde ahí arriba.

METAMORFOSIS

He caminado sin rumbo
durante algún tiempo.
He imbuido mi alma
de inoxidable acero.
He arrastrado mis pies
vacilando sobre el suelo.
He seguido a la marabunta
hasta extenuar mi cuerpo.
Sin saber realmente
quién soy, de dónde vengo.
Sin ilusión, sin esperanzas,
sin un propósito sincero.
Frágil, hastiada, vacía.
Solo un amasijo de huesos.
Pero, tras las millas recorridas,
una llama prendió en mi fuero.
Una sombra titilante,
una voz, apenas un eco.
Una fuerza que me empuja
desde el abismo que llevo dentro.
De pronto, todo el dolor sufrido
cada vez quedaba más lejos.
Y entendí que en el camino
en los más oscuros momentos,
en la noche más doliente,
en el alarido eterno,
en la cumbre del fracaso,
ahí es donde crecemos.

La voz dormida

Tú callaste la voz de mi poesía para siempre.
No recuerdo cuántos años hace que mi alma no siente.
Acallaste el rumor de arte que en mí florecía.
¿Por qué te llevaste tanto mi pena como mi alegría?
Ya no puedo llorar tinta en forma de palabras,
en forma de poesía.
No queda ni un ápice del genio
que tus ilusiones convertía
en sueños, sombras y miedos,
en un manantial de vida.
¿Dónde fueron esos versos
que nunca pude escribir?
¿Dónde quedan esos castillos
que nunca pude construir?
Cuentos de princesas, dragones, brujas
y un caballero gentil.
¿Por qué siento que me quedaré encerrada
en esa torre, dentro de mí?
Sin papel, ni imaginación, ni versos
con ansia eterna de sentir.
De volar entre las estrellas del cielo.
De vivir. De escribir.

Réquiem por A.

Hoy quisiera parar el mundo
que su incesante giro se detuviera
que toda luz se apagara
que todo sonido se extinguiera.

Hoy la tierra rezuma dolor
en las montañas resuena el eco de tu voz
volando trémula persigo esa sombra
evanescente y pálida que se evapora.
Rasgo los velos del cielo
surco las nubes con las manos
me sumerjo en el mar abisal
pero busque donde busque
no te puedo encontrar.

Hoy quisiera hacer algo grande
darte una hermosa despedida
o traerte de vuelta a la vida.
Con tu marcha ya no hay risa
ni esperanza, ni ilusión.
Con tu marcha solo hay pena
dentro de mi corazón.

Arrancar este dolor quisiera
arraigado en la piel con fervor.
Clavaría mil cuchillos en mi espalda
y aún no igualaría este sufrir;
sin tu luz, sin tu calor
no sé qué hago yo aquí.
¿Cómo vivir llorando
viendo tu ausencia en cada hueco,

oyendo tu voz en el viento
ahogando la tristeza en un espejo
guardando la pena por dentro?

Recorrido he un largo trecho,
mas sin tu aliento de vida no llegaré lejos.
Mis pasos sin ti están huecos.
El suelo por donde piso, yermo.
Me precipito al vacío de esta soledad
gritando, no veo el fondo.
No puedo escapar.
Mis desgarradores alaridos
rompen la noche de paz.
No puedo traerte de vuelta.
No puedo irte a buscar.
Solo puedo aguardar en tu tumba
que el tiempo vuele delante y detrás.
Delante para unirme a tu camino.
Detrás para poderte recordar.
Y entre tanto, en las telas del teatro
otra función estrenar.
Esperar paciente mi sino
y, llegado el momento, a ti retornar.
Porque polvo eres y en polvo te convertirás.
Pero al menos al polvo
no se lo puede separar.
Serán cenizas unidas
por toda la eternidad.

LA BELLEZA

La belleza es contagiosa
nace de algún lugar recóndito
y aflora con la sonrisa
late con cada pálpito
se deja ver sin prisa.

La belleza no es solo lo que ves
es lo que sientes
lo que transmite tu ser
lo que desprendes
lo que haces crecer.

Es mucho más de lo que crees
es un misterio, un ideal
algo que no todos pueden ver
pues si así lo hicieran
la belleza dejaría de florecer.

Canción del adiós

Llegó la despedida
nos volveremos a ver
cuando el sol se ponga
y haya un nuevo amanecer.

El viento mecerá tu voz
y en susurros te escucharé
la brisa me acariciará
y en mi rostro te sentiré.

Cuando un ángel se marcha
en el cielo se puede ver
brillando en la inmensidad
de un bello atardecer.

Allá donde se une el mar
con el sol, yo te encontraré
y en cada rayo de su luz
siempre te recordaré.

La flor más bonita del jardín

Majestuosa mirada inocente
me astilla el corazón cuando me miras,
me recorre toda la piel, cada fibra
de mi ser tiembla cuando respiras.
¡Oh, milagro de la vida,
de la naturaleza!
Soñé contigo antes de que nacieras,
de una belleza dulce y cristalina,
tal que a este mundo no pertenecieras.
Te he echado de menos, hermana,
el tiempo en que no existías.
Se hacía insufrible el anhelo
de poderte admirar a la luz del día.
Tus hermosos ojos, tu sonrosada carita
tus manecitas tiernas, el rubor de tus pupilas
que al mirarme me condenan
a amarte toda la vida.
A hacer lo que no está escrito
por escuchar el clamor de tu risa,
mi pequeña, de ojos chispeantes
que llena el tiempo de alegría
que promete regalarte
momentos repletos de dicha,
enseñándote a descubrir
lo que es la felicidad sin prisa.

Para A.

La bordadora

Tejida con pesares su alma
otrora hilvanada con dicha
entretela su sufrimiento
cubre de encaje sus heridas.

Envuelta en un manto de pena
bordado con lágrimas cristalinas
retazos de recuerdos felices
desfilan despacio por su retina.

Se acerca al telar en silencio
admirando la obra de su vida
recordando sus dulces abrazos
lamentando la amarga despedida.

Aún resuenan en el taller
los ecos de su alegre risa
el ruido de sus pies descalzos
sobre el suelo de la mercería.

Aún no acechaba a su cuerpo
la sombra que se lo arrebataría
la muerte oscura y certera
que siega despiadada la vida.

Sigue la bordadora cosiendo
aunque tenga la piel marchita
aunque cada día eche en falta
al hijo que tanto quería.

AUSENCIA

Recorro los rincones de esta casa
la cocina, el dormitorio, el baño.
Te llevaste todas tus pertenencias,
pero el aire de ti está impregnado.
Vivo en una cárcel de recuerdos,
un velero en el mar varado.
A merced del viento que robaste.
Solo tu ausencia es lo que hallo.

Mi mente urde para mí mil trampas
al girarme aún creo verte de soslayo.
Aún sueño que me besas en la frente,
aún siento tus caricias en mis manos,
aún huelo el dulce aroma de tu piel,
aún duermo feliz entre tus brazos.
Y solamente cuando me despierto
soy consciente de mi fallo.

Mire donde mire solo veo vacío.
El enorme hueco que en mi vida has dejado.
Miro al suelo y hasta echo de menos
tu ropa desordenada en el cuarto.
Tus zapatos en el pasillo.
Tus libros y los míos mezclados
y tu bendita costumbre
de besarme en cualquier lado.

Daría todo lo que tengo
por haberme entonces percatado
de esa felicidad tan serena
que tanto habíamos disfrutado.
Porque en tu ausencia por fin soy consciente
de lo mucho que te amé y aún te amo.

La bolsa

De rodillas, en el vano de la puerta
contemplo ensimismada la bolsa abierta.
He colocado como he podido
la ropa, las cartas, los libros.

He intentado guardar sin éxito
triunfos, recuerdos y miedos.
Toda una vida en mis manos.
Ecos de tiempos dorados.
La promesa de un mundo nuevo
de perseguir por fin los viejos sueños.
Pero la bolsa me ancla al pasado.
Lleva tantas cosas... ¡Pesa demasiado!
Saco despacio todas las fotos,
la voy vaciando muy poco a poco.
Dispongo cada cosa en su lugar
Y, una vez vacía, la vuelvo a cerrar.
Cierro la puerta y no miro atrás.
El futuro insondable espera en el umbral.

Pura locura

Ella.
Pintaba el mundo de colores
que nadie más veía.
Estuvo siempre a mi lado
incluso cuando no sonreía.
Me guiaba de la mano
con ternura y sabiduría.
Me apoyó en cada tropiezo
por los senderos de la vida.
Ella hizo de mi presente
un regalo de gran valía.
Saltó conmigo, valiente
se encaramó a la tarima
y juntas, de la mano, cantamos
hasta que el pecho nos ardía.
Cantamos como si nadie
nos mirase en la cafetería.
Cantamos sin miedo a nada,
dejando atrás la desdicha.
Cantamos y desde entonces
mi mundo, de nuevo, brilla.

Para L. A.

DUELE

Rezuma tumefacta la herida
candorosa se hunde en el pecho
No da tregua su alarido constante.
No cesa el dolor en su lecho.
Destila amargura el costado
de daños autoinfligidos hecho
de errores no perdonados,
de rabia, rencor y despecho.
El dolor se hace insoportable.
El caminar, quejumbroso y maltrecho.
La vida se torna asfixiante.
El alma se rinde al barbecho.
Pero el sufrir, con gran maestría,
obliga a avanzar por el camino estrecho.
Entre las sombras del pensamiento
con el desánimo siempre al acecho.
Vadeando las aguas del miedo
con tan solo el valor por pertrecho.
Como únicas herramientas
el dolor y el cuerpo deshecho,
quien consiga alcanzar la salida
será un hombre, hecho y derecho.

El beso

La tenue luz de los focos
iluminaba suavemente tu piel,
los colores vivarachos
retozaban lentamente en tu tez.
Pertrechados bajo las sombras
nos mirábamos, casi sin ver
todo lo que nos rodeaba,
lo que nos impedía crecer.
Un manto de estrellas cubría
la imperiosa necesidad de ser,
de fundir tus labios con los míos,
de ver nuestro mundo nacer.
El instante en que estuvimos
frente a frente sin saber
lo que aguardaba el futuro
lo que vendría después.
La magia que desprendían
tus besos sabor a miel.
Ese segundo incesante
en el que decidimos creer
que juntos moveríamos montañas,
que nadie nos podía detener,
que cogidos de la mano
siempre lograríamos vencer.
Con tus besos por bandera
y tu olor grabado en la piel,
me enfrentaría a mil hogueras
y, al fin, podría renacer.

Cadillac solitario

El día que fui consciente
del peso que cargaba mi espalda
del dolor que nublaba mi mente
del hastío que poblaba mi alma.

El día que caí en la cuenta
de que había perdido el rumbo
 que estaba tensando la cuerda
y que no aguantaría mucho.

El día que empecé a ver
ausencia de mí en todos lados
mi caminar arrastrando los pies
mi sombra siendo un yo impostado.

Aquel día del despertar
recuerdo un ensordecedor impacto;
recuerdo estar dormida un tiempo
y levantarme en el acto.

Era el ruido del silencio
quien llenaba todo mi espacio.
Era estar conduciendo
y tener apagada la radio.

Era vivir a medias
como un caracol vaciado;
manteniendo el esqueleto
y por dentro muriendo despacio.

En ese momento, paré el coche.
Apagué las luces, encendí la radio.
Hice sonar los acordes
de «Cadillac solitario».

Y poco a poco dejé sanar
las heridas que hicieron tus labios.
Entendí que no podía faltar
la música en mi obituario.

Que vivir no era vivir
si no había una melodía sonando.
Dejé de sobrevivir
y solo lo hice cantando.

FRAGMENTOS

Y si solo somos líneas
en un mapa garabateado
esbozos de sendas distintas
con trozos emborronados.

Y si solo somos hilos
tejidos en el entramado
obligados a sostener el peso
de quien nos acompaña al lado.

Y si solo somos caminos
de un sendero ya trazado
que un tiempo discurren juntos
y el resto del tiempo, separados.

Y si solo somos almas
que al fin se han encontrado
que se miran por vez primera
cuando siempre se habían buscado.

Y si solo somos cuerpos
con los labios entremezclados
que se funden en un beso
que el destino les ha regalado.

Y si solo somos momentos
de un tiempo predeterminado
luchando con las manecillas
por unos segundos robados.

Y si solo somos fragmentos
de un cuento inacabado
y al escribir estos versos
un nuevo final he creado.

Todas las mujeres que habitan en mí

Todas sus facetas
se me agolpan bajo la piel.
Sus voces inquietas
me aconsejan en susurros cada vez.
A algunas de ellas
las descubro con el nuevo amanecer.
Curiosas desconocidas
que formaban parte de mi ser.
¿Estuvieron siempre ahí?
¿Y yo no las supe ver?
Una toma el control.
Las otras se dejan hacer.
Me observan agazapadas.
Saben cuándo aparecer.
Con cada nueva huésped
me obligan a crecer.
Pues, ¿cómo albergar tantas mujeres
sin arder y renacer?

FRÁGIL

De pie, en el ojo del huracán
varada en el punto de mira.
El bramido ensordecedor de tormenta
me devuelve al punto de partida.

Mil relámpagos me rodean.
El mar embravecido se agita.
La insondable bruma me ciega.
No puedo encontrar la salida.

Las olas incansables me golpean
y mis maltrechos huesos se astillan.
Con las últimas fuerzas que quedan
intento nadar hacia la orilla.

Creo que he perdido el rumbo.
La sombra densa no termina.
La noche eterna me ciega.
Abandono, me doy por perdida.

Y justo en ese instante
comienzo a ver una luz mortecina
sigo su estela dorada,
consigo salir con vida.

Sigo sin saber cómo.
Sobreviví, malherida.
Capeando la tormenta
con la luz de un nuevo día.

Sa foradada

Allá donde se unen cielo y mar
en el crepúsculo estival
donde la luz se hace jirones
y se oye a la brisa cantar.

En el ocaso más perfecto
que la madre pueda imaginar
se despliega el tácito embrujo
de las almas que buscan sanar.

El sol se bate en retirada
mece a la noche abisal
y por unos fugaces momentos
inunda el horizonte de paz.

Desde el inexpugnable fuerte
que corona la cima del *cap*
los corazones se paran
y laten a un mismo compás.

Es el final de un ciclo.
Un instante para recordar.
Las huellas de donde partimos.
Lo que dejamos atrás.

La puesta de sol nos ofrece
una nueva oportunidad.
La puerta abierta al futuro:
¿quién sabe lo que vendrá?

ALIADO

Querido señor X:
Gracias.
Tu mera existencia demuestra
que existe ese tipo de hombres
capaz de amar a las mujeres
que danzan descalzas y libres;
capaz de apoyar nuestra causa
que no es más que poder ser iguales
y tener las mismas oportunidades.
Gracias por entenderme, por apoyarme.
Por escucharme.
Gracias por admirarme,
por creer en mí y en mis sueños.
Por ayudarme a crecer.
Por retarme.
Gracias por ser sincero.
Por decir que no quieres cambiarme.
Que te gusta verme así,
libre.
Sin que nada ni nadie me ate.
Gracias por devolverme la fe.
Por hacerme creer
que existe en esta dimensión
un hombre capaz de comprender.
[De comprenderme.]
De ayudarme a ser.
De apoyarme en el vuelo.
De ser mi amigo, mi parapeto,
mi puerto seguro al atardecer.
Gracias por darme la mano.
Gracias por impulsarme a crecer.

Bálsamo

Querida señora X:
Gracias.
Por reconocer las heridas
que trataba de ocultar.
Por tratarme con mimo
cuando solo había oscuridad.
Por entenderme y respetarme.
Por tu paciencia al besar.
Gracias por ser mi amiga,
por tu generosidad.
Por tu ayuda desinteresada,
por tu sonrisa jovial.
Tú que me has conocido
en el momento más crucial.
El punto álgido del abismo
en el profundo dolor sin igual.
Tú que te has quedado
cuando nada tenía que dar.
Cuando ya no tenía esperanza,
cuando estaba harto de llorar.
Tú eres más que una amiga.
Eres mi suerte, mi talismán
y suceda lo que suceda
a mí siempre me tendrás.

Mi otra mitad

El amor de mi vida.
Mi apoyo, mi igual.
El único que está siempre
y que siempre estará.
El que salta al agua conmigo
sin tan siquiera pestañear.
El que comparte mis instantes
de pura locura, de felicidad.
El que resiste los envites
de la vida, sin flaquear.
El que no duda de mí.
El que me apoya sin preguntar.
El que me da la mano
y bajo la lluvia me hace bailar.
Él es un ángel en la Tierra.
Un regalo celestial.
Un amigo, un compañero.
Él es mi otra mitad.

Polvo de estrellas

Hoy las perseidas surcan el cielo
Y no sé qué deseo pedir
Pues mis más ansiados anhelos
Son imposibles de cumplir

Desearía retroceder en el tiempo
Y todos tus abrazos revivir
Te daría otro millón de besos
Antes de despedirme de ti

Me quedaría más rato el domingo
Llenando de anécdotas el jardín
Te diría lo mucho que te quiero
Y al segundo lo volvería a repetir

Pediría que nunca llegara febrero
Que no nos tuviéramos que despedir
Que pudiéramos vernos de nuevo
Y volviera a escucharte reír

Por eso cuando se ilumina el cielo
Realmente no sé qué pedir
Pediría que leyeras mis versos
Pediría volverte a sentir

Y que dondequiera que estés
Sigas cuidando de mí
Pues a veces se hace duro
Recorrer el camino sin ti

Me hace falta tu ejemplo
Para saber por dónde seguir
Aunque siempre te lleve dentro
Y nunca me olvide de ti

Ojalá no fueran recuerdos
Ojalá estuvieras aquí

Sin red

Así se salta en la vida.
Y en el amor también.
Sin importar la caída
ni lo que habrá después.

Se salta muerto de miedo,
el temor recorriendo la piel,
la mirada apuntando al cielo,
levantando con fuerza los pies.

Se salta con el cuerpo temblando,
con el estómago del revés,
con los puños bien cerrados,
justo al contar hasta tres.

¡Uno! Me he enamorado.
¡Dos! ¿Funcionará esta vez?
¡Tres! Creo que estoy volando.
Y ahora... ¿qué vendrá después?

La daga

Es el lento cuchillo de acero
aquel que atesta el golpe más certero.
Es la sombra envuelta en la duda
la que traspasa la férrea armadura.
Es el fulgor del candente miedo
el que nos deja agazapados en el suelo.
Es el temor a perder al ser amado
y añorar más tarde lo que se había forjado.
Es el fervor que recorre las venas
de inquietud e inseguridades llenas.
Es la daga que se hunde con sigilo
horadando el alma despacio con su filo.
Es la mente invadida por los celos
hacedora y causante de nuestros desvelos.
Nos consume tan solo imaginar
qué será mentira y qué será verdad.

SACO DE HUESOS

Se me están clavando todos tus huesos,
la mandíbula, ¡ay!, en el cuello.
Se me clavan cada vez más hondo.
Aunque más hondo se me clavan tus besos.

Flaca, eres un saco de huesos
cubierto en esencia de piel canela
coronado con labios de caramelo.

Tan menuda, y sin embargo, no alcanzo tu vuelo.
Esos ojos verdes, esa cara afilada
causantes de todos mis desvelos.

Flaca, desde que te conocí tengo
incrustadas en el alma tus manos de fuego;
tu aroma imbuido en la piel llevo.

Y al caer la noche... cuánto echo de menos
esa sonrisa ingenua y punzante,
tener en mis brazos ese saco de huesos.

Al caer la noche, todos mis fantasmas
se reúnen conmigo y me paraliza el miedo.
Cuánto necesito ahora tus huesos, flaca.

Tu risa, tus labios, tus besos.
Cuánto necesito esta noche
que seas mi amuleto

Te necesito en este aquelarre
para que seas mi parapeto
porque aunque seas tan flaca,
nadie puede astillar esos huesos.

Inevitables

Inevitables.
Como el inexorable paso del tiempo,
como las hojas secas mecidas por el viento,
como las olas del mar, rugiendo.

Inefables.
Como lo que te invade al oír una canción,
como los versos grabados a fuego en el corazón,
como la paz de un lienzo inunda la razón.

Inexplicables.
Como ganar la lotería por un golpe de suerte,
como escapar en milésimas a las garras de la muerte,
como vagar sin rumbo y encontrarte tras perderte.

Ingobernables.
Como la lluvia azotando con fuerza el suelo,
como ese remolino que se te forma en el pelo,
como dos aves indómitas surcando el cielo.

Infiernos

El día en que las hogueras clamaban al cielo
boqueando tras el humo que nublaba mi vuelo,
tu pupila ardió en la mía de asfixiante deseo
en apenas un segundo, se tambaleó el mundo entero.

No estaba previsto aquel desafortunado encuentro.
Nunca se buscaron nuestras almas, nuestros labios, nuestros cuerpos.
Nadie se esperaba en aquel preciso momento
que fueran a hilvanarse nuestros más oscuros infiernos.
Tus monstruos y los míos, por fin juntos en el averno.
Dos almas hechas jirones, cosiendo los trozos con besos
compartiendo el mismo horizonte de sangre y fuego.
Los dos mirándonos y el mundo, ardiendo.

Mas no existe en la Tierra un fuego que sea eterno
Y, mientras me cogías de la mano, las llamas se iban extinguiendo.
El dolor lacerante, el alarido interno, iba desapareciendo.
Aprendí que todos los fuegos se apagan, con el tiempo.
Y que el amor, incluso en el más profundo abismo, acaba floreciendo.

TEOREMA DE BAYES

Me gusta la nada que somos.
Ese pasear por las calles sin resuello,
tus dedos hundiéndose en mi pelo,
ese conectar sin saber ni cómo.

Me gusta la incertidumbre que nos envuelve,
el futuro repleto de posibilidades,
calcular juntos el teorema de Bayes
y dejar todo en manos de la suerte.

Me gusta jugar la partida,
lanzar como dados mis sueños
y que el premio sea la vida.

Pues, a pesar de las muchas heridas,
en este juego vale la pena el riesgo.
Y solo gana quien todo arriesga sin medida.

Nada

No somos nada, ambos lo decimos.
Pero nuestras manos se tocan y sonreímos.
No somos nada, y bien lo sabemos.
Pero con cada abrazo nos fortalecemos.
La nada que somos es algo patente.
Pero en cada conversación desnudas mi mente.
No somos nada, lo tengo aprendido.
Aunque, cuando estás cerca, aceleras mis latidos.
No somos nada, está más que claro.
Pero te he visto mirarme de soslayo.
Y por más que repita que no somos nada
la mentira en verdad no será transformada.

Tu perfume

Rodeada entre la muchedumbre
lo noto, lo siento.
En ese maremágnum de efluvios
sin duda reconocería el tuyo.
Me acaba de pasar.
Ese chico usa tu perfume.
Pero no le queda igual.
En tu piel es sensual y fresco.
El equilibrio perfecto.
Las notas de almizcle,
los toques de jazmín;
parece que lo hubieran
diseñado para ti.
No sé si es posible
embotellar un recuerdo,
pero ese dulce aroma
está muy cerca de hacerlo.
Lo huelo al caminar entre la gente.
Y tus caricias, tus besos
me invaden la mente.
Es tu olor esa fruta prohibida
y no sé si podré olvidarlo algún día.
Esa fragancia que en mi mente anida.
Es mi marca de heroína.
Y yo, adicta a cada gramo,
quedo a merced de tu mano.
El cuerpo entero se me paraliza.
La esencia de ti me hipnotiza.
Limón, bergamota, rosas y lirios.
Son los acordes de mi delirio.

PERMANECE

Es el amor ese lenguaje universal,
esa mirada que rebosa ternura
a pie de cama en un hospital,
no dejarse vencer por la amargura,
estar presente en el momento crucial.

Es el amor ese tender la mano
cuando ya no queda tiempo
y al final nos acercamos
cuando se aproxima el momento
hacia el que todos caminamos.

Es el amor el incesante cuidado
cuando ya no somos capaces
de sobrevivir sin alguien al lado,
cuando cada paso parece
un profundo abismo vedado.

Es el amor quien vence,
quien a pesar de todos los estragos
cuando el cuerpo desaparece
y los días se tornan aciagos
más allá de la muerte, el amor
                    permanece.

Sin tregua

Ni un segundo de calma
siempre a la zaga de ideas
por su mente desfilan ingrávidas
las cariátides de Atenea.
Las musas nunca descansan
coronando la laureada cabeza,
irguiendo en rincones remotos,
atisbos de nuevas piezas.
El artista nunca descansa,
su inventiva de crear no cesa
y cuando disfruta y desconecta
la inspiración lo visita, presta.
El artista siempre imagina;
donde otros ven sombras,
él solo ve grandeza.
Parece estar imbuido
en una realidad paralela.
Ve el mundo de otro color
su arte nos embelesa
y nos invita a soñar
cuando entrever su obra nos deja.

SIRENAS

¡Ten cuidado, marinero!
Pues es lugar de avistamientos.
Cuentan que al caer la noche
sus voces dominan el viento.

¡Ojo avizor, estibador!
No baje nunca la guardia
aunque la noche parezca serena
pues este mar lo gobierna la magia.

¡Izad velas, todo a babor!
Creo que he visto brillar sus escamas,
las que ella misma ha esculpido
para escapar de las llamas.

¡Leven anclas y a remar!
No hay duda de que es ella.
La Reina del Mar, la guerrera.
El verdor de sus ojos veo despuntar.
Y una cosa es segura:
la odisea va a comenzar.

Diez meses

Ella ya no está.
Ni estará nunca.
No volverá.
Ni sus dedos
me volverán a rozar.
Ni su cabello ondulado
se me volverá a enredar.
Ella no está y, sin embargo,
a veces la veo sentada en tu regazo.
Mirándome desde tus ojos
tan parecidos, tan claros.
A veces te beso y sus labios
se entremezclan en el tiempo-espacio.
A veces cuando me sonríes
la siento tan cerca que casi la alcanzo.
La toco con las yemas.
La desnudo despacio.
Ahogo en alcohol la pena.
Pongo de fondo *jazz* en la radio.
Y te acaricio e imagino
que nada en mi vida ha cambiado.
Te abrazo y retrocedo
de golpe diez meses en el calendario.
Cuando todavía estaba conmigo,
cuando aún dormía a mi lado.
Te pido perdón, compañera
de vida, de cama, de asaltos.
Pero vivo en esta quimera
hasta estrellarme contra el asfalto.

395

Llevaba dormida algún tiempo,
veía el mundo a través de un velo.
Cansada, perdida, yerma
una vela que lentamente merma
las sombras que contemplaba
confusas a veces me hablaban.
Me susurraban decisiones,
enumeraban las opciones.
Me hicieron dudar de mí misma,
de mi valor al abrir el cisma,
de la decisión de saltar
sin cuerda, sin red, sin pensar,
buscando tan solo escapar
y con la esperanza de encontrar
esa ignota conexión,
ese uno entre un millón,
esa genuina comprensión,
el cosmos entero en la habitación.
Había perdido toda la fe.
Y de pronto un día, empecé a creer.
A ver la vida de colores pastel.
A disfrutar del mero hecho de ser.
A reír a carcajadas.
A subirme en tu espalda a horcajadas.
A oír tu voz cincelando la noche.
A cantar a puro grito en el coche.
De repente todo cobró sentido.
Los trescientos noventa y cinco días que había sufrido,
cada una de las lecciones que había aprendido,
me llevaron al día en que te he conocido.

Como niños

¡Para! Por favor, para.
Que me duele la barriga
de reírme a carcajadas.
Creo que tengo agujetas
en las mejillas y en la cara.
¡No se te ocurre nada bueno!
¿Cómo que salte esa valla?
¿Que cruce corriendo la calle?
¿Que me meta contigo en el agua?
¡Si estoy congelada!
¿Que salte de golpe?
¿Que no me va a pasar nada?
¿Que me suba detrás de ti
y me sujete fuerte a tu espalda?
Madre mía, esto es una locura.
Son las tres de la mañana.
Contando estrellas en el cielo
y lunares en tu espalda.
El cuerpo tendido en el suelo.
Y el viento levantando mi falda.
Te recito unos cuantos versos.
Me susurras una canción inventada.
En los labios te leo un beso.
Me pierdo en tu infinita mirada.
Se va haciendo diminuta
la distancia que nos separa.
Y poco a poco se ajustan
todas mis curvas y todas tus rayas.
Y creamos juntos un mundo
en el que todos los miedos callan.

DE CERO A CIEN

Esa calma tensa
que a la tormenta precede.
Esa brisa fresca
que las copas de los árboles mece.
El momento perfecto
en que todo acontece.
Ambarinas, tus pupilas
hipnotizan a las mías.
Con las yemas de los dedos
me recorres la piel encendida
que al leve roce de tu cuerpo
se tensa, se inflama, se agita.
Tu mano asciende lentamente
tras vacilar un segundo, me instiga
y en el cénit de mis piernas
conviertes mis suspiros en caricias.
Mis manos a tu espalda se aferran,
incandescente mi boca te invita.
Tus voraces labios no me dan tregua.
Me devoran sin pausa y sin prisa.
Te atraigo con fuerza a mi cadera,
siento todo tu peso encima,
se funden fervientes nuestros cuerpos
y el placer de tus envites no termina.
Lo siento en todos mis huesos.
Estoy casi rozando la cima.
Mi mente se rinde al deseo
y estallo en volutas de vida.

DESVELOS

Los sueños no me dejan dormir.
El insomnio me visita con asueto.
No estoy acostumbrada a ser feliz.
Entre sábanas y libros me desvelo.
Mi memoria se recrea en imágenes de ti
en retazos de recuerdos y secretos.
El perfume de tu piel se quedó aquí.

Mis sueños no me dejan dormir.
Me asaltan sin freno los proyectos
que algún día quise construir.
Se va haciendo diminuto el miedo
y el arte no cesa de fluir.
Algo ha cambiado en mi fuero interno.
¿El qué? No lo sabría decir.
Ahora me atrevo a alzar el vuelo
y a esperar con ilusión lo que ha de venir.

Noctámbulos

Vagan sin rumbo por las calles.
Almas que errantes se deslizan.
En el reino de las sombras tal vez halles
lo que ocultan tras su impostada sonrisa.

Ven con todo lujo de detalles
lo infelices que han sido sus vidas.
Guardan cada sueño hasta que falle
y comience nuevamente la partida.

Dejan que el dolor les avasalle
arrastrando su autoestima malherida
hasta que todo a su alrededor estalle
y solo los más fuertes sobrevivan.
Hijos de la noche, siervos de la ruina.
Esclavos del insomnio, tullidos de por vida.
Guerreros silenciosos de batallas perdidas.
Reos condenados por sus propias heridas.
Buscan de su propio laberinto la salida.
Pues no habrá guerra más heroica
ni habrá lucha más reñida
como aquella que libramos
con nosotros día a día.

Transmutación

Anoche tuve un sueño espeluznante:
te besaba como siempre sin asueto
mas tus besos estaban vacíos, huecos,
no albergaban la pasión que había antes.

Todo cambió en ese mismo instante.
Nuestros labios ya no se batían en duelo.
No se diluían en sudor nuestros cuerpos.
El amor ya no estaba por delante.

La verdad salió a la luz entre desvelos.
La duda impuso pronto su voz cantante.
Tus dedos no me acariciaban el pelo.

Y tu piel pertenecía a tu amante.
El amor ya había alzado el vuelo.
Y el dolor ocupó presto su vacante.

HUELLAS

Agradecida
por haber dado ese salto,
por salir de la rutina,
por no quedarme más tiempo,
por ser una inconformista,
por no estar donde realmente
me sentí sola e incomprendida.
Por caminar a mi suerte
y dejar la senda establecida.
Por liberarme y liberarte.
Por atreverme a morder la vida.
Porque tú nunca habrías saltado
aunque el amor se destruía.
Te habrías quedado atado
de pie, a la sombra de las ruinas.
Pero no te culpo por ello
ni a mí, ni tampoco a la vida.
Si acaso nos culpo a todos
como sociedad malherida
que por miedo a estar solos
a conformarnos nos obliga.
Agradezco cada día
haberme armado de valentía.
No haberme acomodado.
Buscar lo que en realidad quería.
Porque al seguir huellas de otros pasos
se nos pasa sin querer la vida.

Fantasmas

Nuevamente corro el riesgo
asomándome al abismo de la noche
cuando despiertan todos los miedos
y el insomnio se despliega sin derroche.

Me acerco despacio a la ventana
oteando el infinito horizonte.
Todos mis demonios me llaman.
Exhiben ante mí su altivo porte.

En este circo de los horrores
mi ejército de fantasmas sale a combatir.
No sé bien en qué bando pelean.
Si están conmigo o contra mí.

Ellos forjaron mi temple,
la armadura que yo misma construí
y, cuando la batalla se recrudece,
me pregunto: sin ellos, ¿qué sería de mí?

Monstruos

Te rindes a tu adicción.
Siempre ha estado dentro de ti.
Los días marchitos te ahogan,
las noches no te dejan dormir.

Ibas ganando la partida,
pero el monstruo aguardaba allí
el instante más idóneo
cuando no te oyera reír,
cuando todo el peso del mundo
te arrastre a un pozo sin fin.

Es entonces cuando regresa
el enemigo más fuerte y vil.
Se aprovecha de tu flaqueza
y toma las riendas de ti.
Y tú vuelas por un momento
olvidando lo que te hace sufrir.
Pero el vuelo dura un momento
y la caída no tarda en venir.
Haciendo acopio de tus restos,
te arrastras en el frenesí.
El alma navega en la vergüenza.
Te preguntas si realmente quieres vivir.
Mueves un brazo, luego el otro.
No queda nadie que tire de ti.
Nadas despacio, sin agobio.
Total, no hay nada esperando ahí...
Y un buen día, de pronto recuerdas
que a ti te gustaba escribir,
te gustaba el sol dorando la piel
y todo lo que te hacía sentir.

Te gustaba nadar desnuda en el mar.
Zambullirte de golpe y luego subir.
Te gustaban los largos paseos.
A ti antes te gustaba vivir.
Y recordando todos los motivos
al fin, conseguiste salir.

Definir el amor

Yo soy solo mía.
Yo no te pertenezco a ti.
Quizá para definir el amor
deberíamos empezar así.
Yo no quiero poseerte,
ni enjaularte,
ni cambiarte.
Quiero verte volar,
feliz.
Y las alas cuidarte.
Quiero darte la mano
entrelazar nuestros dedos
y cuando tengas miedo
quiero abrazarte.
Yo no sé qué es el amor.
Todavía estoy descubriendo
quién soy yo...
Tan solo sé
que quiero verte bien.
Quiero que seas feliz.
Da igual si es conmigo
o sin mí.
¿Qué puede ser sino amor
querer estar contigo
pero dejarte ir?

Sirena

Debo de ser una sirena
pues ando siempre en la profundidad.
Huyendo de la superficie.
De todo lo intrascendental.
Y me sumerjo sin miedo
en los abismos de la humanidad.

Ya no me asusta el fondo
ni el sordo eco de tempestad,
pues ya visité lo más hondo
y navegué sola en la adversidad.

Debo de ser una sirena
cuyo canto invita a luchar
y en las noches de luna llena
guío tu barco a través del mar,
pues nadie conoce la pena,
ni el dolor, ni la soledad
como el alma de una sirena
cautiva en la oscuridad.

La sombra

Sibilina su sombra se arrastra
por la selva penetrante de la noche
cual serpiente cuyo veneno desgasta
lentamente hasta olvidar el horizonte.

Sigilosa como la verde hiedra trepa
arraigando donde el alma es más oscura
convirtiendo los jardines en estepas
cubriendo el tiempo con su manto de negrura.

Incesante sobre los ojos se cierne
como un cristal de obsidiana cincelado
la amalgama de colores se pierde
el aire se tiñe de azabache deslustrado.

Raudo inunda su diluvio de verano
hasta el más seguro y recóndito rincón
disputándonos la condición de humano
y venciendo una vez más la depresión.

Esperpento

Dos almas pugnan por salir de mí.
Dos caras que tan bien conozco.
Las dos anhelan el mismo fin,
aunque un camino sea distinto al otro.

Una, hedonista, arde en deseos de vivir,
de follar, de besar, de comerse entero el mundo.
La otra, kantiana, pretende esperarte a ti
que aguarde paciente a que estemos juntos.

Las dos mitades se enzarzan con frenesí
en batallas dialécticas que yo siempre pierdo
porque a ignorarte yo nunca aprendí
y me quedo pronto sin argumentos.

La hedonista suplica placeres sin fin
hasta que apenas me quede dentro aliento.
La kantiana espera que me hagas feliz,
pero yo no confío del todo en eso.
Has mareado tanto la perdiz...
que ahora confundo hasta lo que siento.
¿Me he enamorado alguna vez de ti?
¿O fue todo puro esperpento?

EFIGIES

Mil y un marmóreos ídolos te erigí
Descansan en sendos pedestales de oro
Con mis propias ilusiones los construí
Y con mis propias decepciones los abandono.

Tus sagrados pergaminos escribí
alabándote y ensalzándote sobre todo
Mis murallas rodeaban tu redil
Defendiéndote de cualquier destrozo.

Hice de tu piel mi religión
Tu perfume era el credo de mi fe
Mis milicias defendían tu posición
Y mis manos se deleitaban en tu edén.

Mas no tardó en llegar la decepción
Mojaste con mis lágrimas el papel
Y yo, incauta soldado sin precaución,
Me derrumbé con tu imperio a tus pies.

Trampantojo

Todo esto me resultaría más fácil
si no viera tu silueta en todas partes,
si no me despertara intentando alcanzarte,
si tu reflejo no se desvaneciera, grácil.

Cada segundo sin ti me siento más frágil,
mis recuerdos solo me dejan besarte
y entre las sábanas con gemidos invocarte
hasta que irrumpas en mi silencio, ágil.

Tengo la mente ardiendo de desearte,
el cuerpo en jadeos se me deshace,
las manos agrietadas de buscarte.

Tan solo tu dulce aroma me complace
y con las ganas que me entran de amarte
dime: eso de olvidar, ¿cómo se hace?

Nirvana

El humo del incienso ascendía despacio
dejando en el aire la paz que emana
inundando de palpable quietud el espacio
donde sin duda se asciende al Nirvana.

Se hundían suavemente en mi pelo lacio
los dedos que escribían en mis sienes una nana
formando con su tacto un enorme palacio
donde huir del ajetreo de la vida cotidiana.

Los minutos desnudaban con sus caricias al tiempo
mientras la arena del reloj caía sobre mi espalda
sus manos se deslizaban sobre mis músculos tensos
y la fina llovizna se derramaba en cascada.

Con firmes toques abrió ante mí un territorio inmenso
un lugar inexplorado de energía renovada
donde a las preocupaciones se las lleva el viento
y encontramos nuestra esencia en el subconsciente enterrada.

DESNUDA

Mostrarme así,
desnuda, ajada.
Con el viento del tiempo
erosionándome la cara
y las lacras del pasado
asomando en mi mirada.

Mostrarme así,
débil.
Eso todavía me cuesta.
Enseñarte mi piel,
imperfecta.
Que me mires así,
tan de cerca.
Saberme frágil,
expuesta.
Enseñarte todas las partes de mí.
Y, sin embargo,
que sigas llamando a mi puerta.

ALZHEIMER

Cuando olvides mi nombre
o no recuerdes mi cara
y no sepas que soy tu hija,
nos bastará una mirada.

Cuando las inclemencias del tiempo
horaden los surcos de tu memoria
y cambies de humor en un momento
y nuestra vida parezca una noria.

Cuando dudes si has puesto sal
o si has apagado el calefactor
o si quizá en vez de tres hijos
tú siempre has tenido dos.

Cuando llores, cuando rías,
cuando la música toque tu corazón,
cuando los recuerdos se evaporen,
mamá, ahí siempre estaré yo.

ESCRIBIR

Escribir.
Como si no hubiera un mañana.
Como si me faltara tiempo
o me sobraran alas.
Como si fuera a morir rápido
y tuviera prisa por contar
todo lo que callé aquel tiempo,
todo lo que dejé atrás.

Escribir para seguir viva,
para mitigar la ansiedad,
para emprender luchas contra gigantes.
Ser David contra Goliat.

Llenar la honda de sueños
y arrojarlos todos al mar.
Desmenuzar mis sentimientos,
abrir mi alma en canal.
Sentir miedo de que mi vida
se someta a votación popular
y que aquellos que no me conocen
sean libres para juzgar.
Que sus críticas y reproches
lapiden mi pluma, mi libertad,
o que llenen con su odio
los huecos de esta red «social».

Tengo miedo, no me escondo.
Miedo a perder mi intimidad.
Miedo a que mis cicatrices
sean más fuertes que mi voluntad.

Tengo miedo, por eso escribo.
Instinto de supervivencia, será.
O cavar mi propia tumba...
El tiempo nos lo dirá.

Pausa

De repente, vuestras manos se tocan.
Los dedos entre la bruma chocan.
En ese instante eres consciente
de las veces que lloró con esa canción;
cuando las palabras sobran
y el silencio crece
solo queda espacio
para la emoción.

IMÁN

Podría llorar mares de tinta esta noche
escribiéndote todo lo que no me atrevo a decirte;
podría llenar el silencio de este coche
con los acordes que tú mismo entretejiste.
Y luego podría inventar de esta historia un final
donde, sorprendentemente, nada sale mal.
Podría soñar que me arropan tus besos el pelo
o que tus manos mecen con mimo mi cuerpo.
Podría imaginarme la vida contigo,
hacer realidad nuestra lista de pecados compartidos,
pero al llegar el alba te miro
y tú ya te has ido.
Y con el nuevo día emerjo
de tu magnético espejismo.

VALIENTE

Quiero ser:
Valiente
Arrojada
Luchadora
Inhumana
Estoica
Nihilista
Tarotista
Esperanza

Pero no me atrevo
a leerte las cartas
por si en mi futuro
eres tú quien falta.

Voces de ultratumba

Una miríada de voces me envuelve
un coro de ánimas deslustradas
tendiendo hacia mí sus jirones
dejándome la mente ensimismada.

Sonidos de ultratumba que me atrapan,
ecos de errores de vidas pasadas.
El imperio de la culpa y del castigo,
cerniendo sobre mí sus extensas alas.

Me arrastro con un caminar lento
hacia el punto donde se extenúa el alma.
Se me quiebra la voluntad de hierro
y, poco a poco, mis demonios me matan.

El país de Nunca Jamás

Cada vez es más difícil
pasear por las calles de la ciudad
sin que los recuerdos me asalten
y me inunden las lágrimas sin piedad.

En cada banco que miro
se adivinan siluetas difuminadas,
espectros presos del tiempo
en que aún tenía tu mirada.

En las hojas de los árboles
oigo tu voz envolvente
y con cada brizna de viento
es como si estuvieras presente.

Todos los pájaros me cantan
canciones que nunca ocurrirán
en los lugares donde una vez te tuve
y donde no te tendré jamás.

La venganza de Cupido

Me he perdido entre los cuerpos
de una realidad inerte;
te he buscado entre gemidos
que me eran indiferentes.

He sentido tantas veces
su aliento cálido en mi espalda,
sus brazos en torno a mi cuello,
sus besos en mi garganta.

Me he entregado a sus pieles
hambrienta de tu mirada
con el alma llena de pena
y la memoria siempre intacta.

Cómo es que puedo todavía
recordar tu aroma exacto
si con la luz del nuevo día
desapareciste en el acto.

Cómo es que puedo sentirte
aún besarme dentro del agua
si solo queda la ausencia
que me dejó tu piel salada.

Cómo puedo aún quererte
como nunca he amado tanto
si en apenas unos meses
convertiste la risa en llanto.

Recordarte será mi castigo
al haberte por fin encontrado.
Es la venganza de Cupido:
llevarse por siempre a mi amado.

VOLVERÁ

Tengo que beber más
porque, cuando bebo, te veo.
Te escucho hablar.
Palabras ininteligibles.
Susurradas al azar.
Versos de algún poema...
¿O quizás de algún cantar?
Escucho tu voz serena
en el arrullo del vasto mar.

Debería beber menos
porque empiezo a verte
y no estás.
Sé que es un espejismo,
un oasis en medio del bar.
Rogándole a Dios que se cumpla
y vea tu rostro al entrar.

He bebido demasiado
y ni aun así consigo olvidar
que el único amor de mi vida
se ha ido, y no volverá.

Gris

Ya no quiero pensar.
Ni sentir.
Solo quiero dormir.
Entregarme al letargo
de un sueño sin alarma
al final de un día largo.
Estoy extenuada.
Dudo que tenga sentido.
Hoy no creo en nada.
Quiero deshacerme del dolor
que llevo pegado a la piel
como mortecino sudor.
Quiero un ritmo tranquilo.
Paz inhóspita.
Ausencia de luz y sonido.
Quiero parar el tiempo,
descansar en el espacio vacío.
Hundirme entre las mantas
y olvidar un rato el frío.
Estoy llegando a mi límite.
O me paro...
O me haré añicos.

La voz dormida

Es la aguja certera,
el lento cuchillo,
la daga hendida
que se hunde con sigilo.

Es el geométrico filo
escondido entre las medias,
con las piernas como asilo,
sed de venganza que apremia.

Es el ardor, la rabia,
el veneno que fluye en las venas
moldeado con templanza
bajo la tez que se muestra serena.

Es el golpe por fin asestado
con la precisión de un engranaje,
el clamor de las décadas silenciado
hasta que el instante idóneo renace.

Así mata el lento cuchillo,
así vence por fin el vencido.
Se alza de entre los infiernos
y silencia con su voz los gritos.

Malherido

La voz del pasado siempre vuelve.
Los susurros del tiempo
reviviendo recuerdos
inoportunos.
Frágiles.
Yermos.
Huir de la voz no tiene sentido.
Siempre te encuentra.
Penetra el resquicio
del hormigón armado
en que te has imbuido.
Los ecos de la noche
reverberan en la memoria.
Te atrincheran contra los muros
de la cárcel más fría y honda.
Un animal herido.
Enjaulado.
Recluido.
Lamiendo sin fe sus heridas.
Caminando por el filo.
Entre la locura y la venganza.
Entre el perdón y el olvido.
Caminando a ratos sin fuerzas.
A ratos sin ganas.
Caminando por pura inercia.
Por la pulsión de seguir vivo.

ARMAGEDÓN

Todo Aquiles tiene un talón.
Todo imperio, un armagedón.
Miro todo lo que he construido
y veo resquebrajarse el granito.

Contemplo las grietas de mi armisticio
con la calma serena
del que se sabe vencido,
con el alma llena de dolor y alivio.

Dolor al mirar mi templo
saqueado y derruido.
La ruina, el humo, el hambre
tirando por tierra mi sacrificio.

Alivio al ver la verdad revelada.
Las máscaras caídas, astilladas.
Tu fuerza indómita, liberada.
Un mundo por construir de cero
y de la nada.

DEPRISA

Me gusta amar así,
deprisa.
Mordiéndote el labio,
dilatadas las pupilas
con las ganas de besarte
bordándome la sonrisa.
Desnudarte rápido
como si tuviera prisa,
hundiendo en tu espalda mis dedos,
bebiendo de tu piel la vida.
Me lo pones demasiado fácil.
Con tus besos ya caigo rendida.
Saltas hacia mí, ágil.
Y en tus brazos me quedo, perdida.

CANCERBERA

Nunca volveré a enjaularla.
A encerrarla entre barrotes.
A guardarla bajo llave.

Nunca esconderé algo así.
Tan fiero, tan salvaje.
Tan indómito e inquebrantable.

No se pueden poner
muros al mar,
vallas al campo.

No se puede contener
a un animal libre
ni siquiera cuando sufre.

Jamás te secuestraré
en jaulas de convención
sin ninguna convicción.

No volveré a ceder
al autoconvencimiento,
al conformismo de no ser.

Ni volveré a escuchar
voces que confundan
a la actriz principal.

Te lo juro.
Te lo prometo.
No te volveré a fallar.

A ti, a mí, a nosotras.
A nuestra libertad.

UNA DE ESAS NOCHES

Lo presiento.
Esta va a ser una de esas noches.
Noches a las que me entrego
dócil al insomnio.

Me asomo al filo
del abismo,
a lo más hondo.

Una de esas noches
en las que el alma vaga
hambrienta,
sedienta,
voraz.

Busca resquicios,
aristas,
un haz.

Al que aferrarse
y sobrevivir
sagaz.

Otra vez

Otra vez.
La vida te ha vuelto a traer.
Ante mí, a mis pies.

Te me pones delante
Y, la verdad,
no sé qué hacer.

Me tientan tus ojos voraces.
Me fascina su color caramel.
Mis murallas se me deshacen.
Desarmada, vuelvo a caer.

Ante ti me siento indefensa.
Débil, dócil, sin cuartel.
Ni armas, ni guarida.
La presa cautiva
en tus garras de miel.

El cazador cazado.
El pescador sin red.
La estratega sin mapa.
En tus brazos, otra vez.

DÉBIL

A veces te preguntas
si eres débil, blando, frágil.
¿Cómo ibas a serlo?
No te lo han puesto fácil.

Desde fuera, otras te dirán
que necesitar ayuda
denota debilidad.
Pero cuánto se equivocan.

Ellos nunca estuvieron
sobreviviendo en la soledad.
Nunca se enfrentaron
a la depresión, a la ansiedad.

No estuvieron en tu piel
cuando odiabas cada poro
ni estuvieron cuando en ti
se resquebrajaba todo.

No han estado en el infierno
y han vuelto para contarlo;
¿cómo ibas a ser débil
si doblegaste al mismísimo diablo?

LA QUE VENCIÓ

Esa canción,
sus acordes
en C menor.

Me horadan despacio
la mente.

Anidan hondo
en mi interior.

Se hunden lejos
sus raíces.

Iluminan sitios
de mi otro yo.

La oscura.
La fuerte.
La valiente.

La salvaje.
La indómita.
La que venció.

El monstruo

A veces tengo miedo
de lo que se esconde en mí.
Lo que oculto tras mis pestañas.
La voz, susurros, el frenesí.

La vorágine que me habita
la oscura espiral que no tiene fin.
El monstruo que se me refleja
cuando no queda nadie ahí.

Adormecido aguarda el momento.
Malvive dentro sin poder salir,
devorándome las entrañas
tiñendo mi mente color carmesí.

Hasta ahora lo he mantenido a raya.
No sé cuánto podré seguir.
Si algún día las fuerzas me fallan,
solo habrá una duda:

¿correr o morir?

PROCESIÓN

Voy a recorrer todos los lugares
donde alguna vez me besaste.
A mis espaldas, la procesión
de recuerdos que me dejaste.
Desfilan ante mí, quedamente
como infames obras de arte.
Burdas imitaciones.
Esbozos tergiversados.
Lienzos ajados.

Voy a recorrer todos esos lugares.
Hasta que se me quite la losa
que en el pecho llevo engastada.
Hasta ver con nitidez mi vida borrosa.
Hasta dejar de sentir este dolor
que el corazón me atraviesa.
O hasta que deje de latir
y me hunda en la negrura espesa.

El pacto

Si pudiera por un segundo
entrar en tu piel,
en tu mente.
Hacerme entender
y entenderte.
Si pudiera por un segundo,
tan solo uno,
asomarme al abismo
de tus pensamientos
y volver intacta
y volver a tiempo
para salvarnos.
Para no rompernos.
Sentir lo que sientes;
para que mires lo que veo.
Y de una vez por todas,
al fin, comprendernos.

Un segundo

Un segundo.
Es lo que necesito
en tu mente
para ver con claridad,
bucear en ti,
comprenderte.
Un solo segundo
para mirar de cerca,
navegar en el lodo,
conocer al monstruo,
sumergirme en el abismo
y cerrar fuerte los ojos.
Dame solo un segundo
y no volveré a dudar,
no volveré a juzgar.
Esperaré,
sin más.
Sin preguntas.
Sin vanidad.
Sin presionar.
Pero déjame entrar.

El escondite

Te escondes.
En el humo de mi cigarro
y en el fondo de mi vaso.
En el olor de mis sábanas
y en las esquinas de mi casa.
En los insomnios de largas noches.
En el futuro y en el presente,
en la oscuridad inerte.
En la presión que se cierne
sobre el pecho y el cuello,
ahogándome, doliéndome.
En todos los minutos te pierdo
y en todos los segundos te encuentro.

Por ti

Por ti
diseño la partida,
calculo los movimientos,
aprendo a ser paciente,
aguardo que sea el momento.

Por ti
en la incertidumbre espero,
en la sombra de la duda,
rogándole ayuda al cielo.

Por ti
planeo mil batallas,
pongo mi corazón en juego.

Y si la guerra estalla
y si me devora el fuego
por ti me inmolo en las llamas
y por ti renacería de nuevo.

Del mar

Hija del mar
De la neblina
La brisa y la sal.

Olas impertérritas surcan tu piel
Vientos que te empujan al ayer
Rocas que resisten los envites del querer.

Hija del mar,
Qué bien te queda su color añil
Parece que siempre viviste allí
En la dulce esencia de tus labios carmesí.

Hija del mar, no temas
Aunque el frío hiera
Y el amor te duela.

Pues tus ojos tienen
El fulgor de las tormentas
El ardor del rayo
La fuerza de las mareas.

RECONECTAR

Mirarse al espejo
Acariciarse el pelo
Creer al reflejo
Cambiar el acento

Poner el foco
Mirando dentro
Hacerlo solo
Al ritmo del viento

Encontrarse
Perderse
Cuidarse
Amarse

No ser más una extraña
Ni una marioneta en tu mano
Salir de la maraña
Luchar y no en vano

Luchar por una misma
Por sus sueños vedados
Seguir aunque cueste
Recobrar lo olvidado

Las partes de ti
que habías ignorado.

Memoria táctil

Que la piel tiene memoria.
La piel es de quien la eriza,
de quien la hace estremecer.

Que en la piel todo perdura:
las caricias, el dolor, el placer.
Tus labios y sus besos de ayer.

Que la piel no deja de ser fiel;
por mucho que la obligue
no deja de ser quien es.

La piel no miente.
Ni tus ojos.
Ni los míos.
Ven.

El pianista

Desliza con maestría sus dedos
sobre las marmóreas teclas infinitas.
Acaricia con sus yemas suaves
el tacto de blancura pulida.

Con cada movimiento crea
sueños nuevos y pesadillas,
artífice de ilusiones plenas,
insigne hacedor de maravillas.

Dulce creador de nuevos mundos,
indómito explorador de emociones plenas,
aventurero que guía hacia nuevos rumbos
y endulza el silencio de la noche serena.

El fausto

Deslizas tu veneno
en tus frases decadentes
henchida ya tu lengua
bífida de serpiente.

Te acercas, diminuto,
a mi yo más deprimente
y me hieres con sigilo
mientras yo agacho la frente.

Tus fantasmas más oscuros
envenenan tu presente.
Tu sed de salvar el mundo
nubla tu juicio, tu mente.

Acabas haciéndole daño
a quien se queda enfrente.
Por ti todo se vuelve raro,
se enturbia lo transparente.

Te jactas de ser perfecto,
un ser clarividente,
pero hallas tu punto débil
cuando más solo te sientes.

Y yo triste y subyugada
empiezo a ser consciente:
te levanto la mirada
porque siempre fui más valiente.

Me rearmo, liberada.
Le planto cara a la muerte
y al dolor y a las patrañas
que me hicieron un día quererte.

Fácil

Es fácil dejarse vencer.
Abandonarse al fuego.
Dejar al monstruo crecer
en la noche alzar el vuelo
y en sus alas dejarse envolver.
Sentir el pegajoso sudor del miedo
la rabia en la sangre
mordiendo la piel.
Acabar con todo.
Quemar, arder.

Qué fácil es morirse
y qué difícil seguir en pie.

Al alba

Apenas nos quedan besos,
aquellos que me dabas, esos.
Los tenues labios que rozaban
el fiel satén de tu espalda.
Los besos que en una mirada
corrían, saltaban, se agazapaban.
Todos los besos que nos dimos
sin saber los que nos quedaban.
El tiempo que se escondía
en las costuras de mi falda.
No sé qué habremos hecho
con los ratos que nos faltaban.
Parecía que seríamos eternos,
pero el sueño se desvaneció al alba.

Mujer

El momento más oscuro
justo antes del amanecer
con tu ausencia en el pecho
y la mía también.

El momento preciso
de inmolarse o nacer
ese ínfimo instante
donde todo puede arder.

Esa decisión constante
de vivir, de florecer,
de luchar contra el abismo,
contra los monstruos de la piel.

Contra el mundo,
el machismo;
recuerdos que quieren volver.

Contra el dolor,
el capitalismo,
la autodestrucción de nuestro ser.

En ese momento oscuro
de pronto se empieza a ver
que una vida sin lucha
no tiene razón de ser.

Que moriremos asesinadas
por el color de nuestra piel
por nuestras tetas y nuestra falda,
por el hecho de ser mujer.

Que no descansaremos
hasta ver este mundo arder.
Que si no somos todas libres
ninguna lo ha de ser.

Era fácil

Era fácil besarte
cuando había amor
en alguna parte.
Cuando éramos todavía
una dulce obra de arte.

El paseo

Es la ola que te atropella
llenando de espuma la arena.
Es la calma que sigue, inmensa,
a tus pasos por la albufera.

Es la quietud, la paz.
Sonreírnos. Mirar.
Al futuro y al pasado
sin saber a dónde irán
nuestros pies enamorados
siempre juntos caminarán.

DESDE QUE NO ESTÁS

Desde que no estás
las cosas son
como tú querías que fueran.

Hay calma, hay paz.
No hay gritos
desde que no estás.

La casa está limpia
la inundan rayos de luz.
No falta nada, solo tú.

Te llevaste el peso del miedo.
El dolor, el polvo del suelo.
Desde que no estás
todo es como querías que fuera.
Solo hizo falta que te marcharas
para que yo lo viera.

Ausencia

Tu ausencia me ha dejado
en un páramo desamparado
con la noche como abrigo
y la luna de testigo.

Veo en cada rincón la escena,
vagando un alma en pena,
recordando las migajas
de tu amor como alhajas.

No me quito este pesar
del pecho al respirar.
No se me va la amargura
de este dolor sin mesura.

Cuánto duele echar de menos
aquellos momentos buenos
en los que el mundo no era mío
ni era tuyo, era nuestro.

Putos desgraciados

De puro dolor, me habéis hecho fuerte.
De puro miedo, valiente.
A puro grito me habéis arrancado
todo lo que lleva años callado.

Sois la cerilla que prendió mi mecha
y ahora ardo en deseos de cortar cabezas,
de salir a la calle erguida, sin vergüenza.
De luchar, aunque tenga la herida maltrecha.

Vosotros sois la razón de la rabia.
Sin quererlo, me hicisteis más fuerte, más sabia.
Ahora ninguno de vosotros puede pararme,
os da miedo siquiera el mirarme.

Y es de lo más normal temer
porque llevo la venganza escrita en la piel
y, si algún día me encuentras al anochecer,
lo mejor que podrás hacer es correr.

Aquel bar

El pasar frente a aquel bar
donde tantas veces fui contigo a tomar,
ver los fantasmas irse, emigrar.
Aquel bar donde también puse fin
a tus dulces mentiras con la cruel realidad.
Pasar de largo y pensar
que hace dos meses, no más,
me creí tus patrañas, creí respirar
solo con tu aliento,
con tus besos, nada más.

Comprobar con suerte
que puedo al fin andar,
amar,
caminar
libre de ti,
libre de aquel bar.
Empezar una nueva vida
en el mismo sitio, en el mismo lugar.
Donde todo sea distinto.
Donde pueda al fin volar.

La salvación

Estaba dentro de mí.
En realidad, siempre estuvo ahí.
Al alzar el vuelo
con las alas rotas.
Al tropezarme,
lo descubrí.
Siempre que el mundo golpeaba
y yo quería dejar de existir,
o cuando daba largos paseos
para escapar de aquel frenesí,
siempre me acompañaba
esa voz dentro de mí;
y cuando rogaba ayuda al cielo
al insondable cielo añil
nadie nunca venía.
Solo yo quedaba allí.
Y solo entonces me di cuenta:
la salvación estaba dentro de mí.

SATURNO DEVORANDO A SU HIJO

Nada escapa al paso del tiempo
La flor más tierna se marchita,
con los rostros tiernos se desquita,
arrancando lentamente el aliento.

Lo devora todo a su paso.
El éxito
y el fracaso.

Ni el amor es capaz de vencerlo.
Despiadado, voraz.
Ni a su propio hijo
puede salvar.

¿Qué es poesía?

Que es al presente como semilla al árbol.

RAQUEL LANSEROS

Tú, lenguaje de lo oculto
en oscuros rincones de la mente,
canto indómito del alma
al servicio de un corazón valiente

Tú, que sanas con tus versos
los huesos rotos, la ceniza del tiempo,
el dolor que rezuma en las pestañas,
las heridas del presente y del recuerdo.

Tú, que pones en el centro
lo que realmente somos:
alma, sangre, amor, recuerdos.
Eres semilla y eres abono
del árbol de nuestros sueños.

Eres el principio de todo
y el propósito de un mundo nuevo.

Mujer tenía que ser

Mujer,
bruja tenías que ser.
Desde los albores de la humanidad sanas
con la sapiencia infinita que emanas.

Mujer,
madre tenías que ser.
Pariendo, sufriendo, penando...
En tu interior, la vida gestando.

Mujer,
guerrera tenías que ser.
Pelear por la tierra, por la sangre,
por cada centímetro de tu piel.

Mujer,
artista tenías que ser.
Creando mundos en contra
de lo que te forzaron a hacer.

Mujer,
valiente, inteligente, ardiente.
Así te han obligado a ser.

A romper las cadenas,
a levantarte, a crecer.
A ver tu yugo arder.

Niña

Te quiero.
Niña que ha llorado,
que ha sufrido, que ha amado.

Te quiero por sostenerme,
por sacarme del barro,
por sonreír en días tristes,
por tomarme de la mano.

Te quiero por tus abrazos,
sagrado lugar que me reconforta.
Te quiero por cuidar de mí
cuando ya nada me importa.

Te quiero por seguir aquí,
por alzar el vuelo con las alas rotas,
por ser la niña que fui
y protegerme a toda costa.

Te quiero, te quise
y siempre te querré.
Aunque a veces te haya fallado,
prometo que jamás lo haré.

Bando panocho

A toícos los murcianos
que han venío de la güerta
en entrando en la ziudá
pa' desfrutar de las fiestas

Quisiera decirle a tos
los zagales d'esta tierra
que si han visto anguna vez
plantar una tomatera
o coger una picaza
p'arrancar toas las yerbas.

Murcianicos de postizo
de cañica y marinera
a ver si us habéis creío
quer limón sale de la nevera,
que las lechugas y acergas
son de latas de conserva.
De toa la vía el Señor
a mí me dicía mi agüela
que aquer que no coge oliva
sin comer aceite se quea.

Pero vamo con alegría
a pasar una fiesta güena,
sin hablar de la comida
que si no me inrito entera,
que aquí nadie cocina
manque de hambre se muera.

Ahora dicen que te traen
la comida en bicicleta,
que van los pobres zagales
cargaos con la bolsa a cuestas
embarraícos a sudor
con las calores nuestras.
O, si no, con el patinete
por la calle dando güertas
que si angún día te descuidas
te los cargas sin darte cuenta.
Vaya una Murcia tenemos
levantá en obras entera
pa'que los cuatro autobuses
tengan más lao que una era
y los cuatro politicuchos
a llenarse la faltriquera.

Pero es que si siguen obrando
no va a haber lao pa'la güerta
y pa'plantar los naranjos
nos tendremos que ir fuera.

Y no me mientes el trasvase
que si angún día no estuviera
íbamos a regar las plantas
con el agua de la meaera,
que como sigamos así
no va a quedar ni una pera
y nos vamos a tener que ir
a la luna o a otro planeta
porque lo vamos a dejar to
hecho un solar de tierra,
que ni el desierto de Mahoya
ha visto cosa pareja.

Y no me quiero despedir
sin felicitar estas fiestas
a tos estos zagalicos
que van a heredar la güerta:
que arreglen la mierda esta
que le hemos dejao los viejos
con tanta derrochaera
y que a ver si con mucha suerte
viven una vida güena.

He dicho,
La Mamen, la nieta
del obispo y de José de La Anica.

Ocaso

Hiedra en la valla,
en la iglesia el ocaso.
Las ramas, secas.

GATO

La luna llena.
El gato encaramado
al tarco seco.

Huellas

Reseco el barro.
Huellas de perro húmedas.
La lluvia cesa.

Te quiero

La infancia en mi memoria es un derroche,
una inmensa fortuna en el desierto.

Vicente Gallego

Te quiero, niña de ayer,
tus manecillas mojadas
de hacer figuras de barro
en aquellas tardes largas.

Te quiero, piel broncínea,
de jugar al sol tostada
sin tiempo en la cabeza,
ni prisa, ni estrés, ni nada.

Te quiero, aventurera
de mil cuevas exploradas
donde siempre descubrías
tesoros que aguardaban.

Te quiero libre y salvaje.
Desnuda y siempre descalza
con los pies tocando el suelo
y la cabeza bien alta.

Te quiero, niña que sueña
con lunas inexploradas,
con bosques de verde luz
y playas de quietas aguas.

Te quiero por defender
a aquellos que siempre callan
y por abrirles un hueco
en los juegos de la plaza.
Te quiero por saber ver
las cosas que importaban:
un ronroneo de gato,
una flor en la ventana,
las caricias de mamá,
las risas de mis hermanas,
los abrazos de papá,
que tantas heridas sanan.

Te quiero porque tu fuerza,
tu coraje y tus agallas
me han acompañado siempre
a cualquier lugar que vaya.

Te quiero por sostenerme
cuando el miedo me acechaba
y las sombras se cernían
sobre mi voz desgastada.

Te quiero por recordarme
los momentos de la infancia
donde solo era una niña
que reía y que jugaba.

Te quiero por protegerme
de una vida descarnada,
luchando contra los monstruos
que ya no están en la cama.

Te quiero y siempre te quise,
valiente niña delgada,
hacedora de sonrisas,
ojos color esperanza,
destructora de injusticias,
sincera y fuerte muchacha.

Tú me has salvado la vida.
Tengo que darte las gracias
por formar parte de mí,
negarte a ser olvidada.
Porque la mujer que soy
a veces no anda centrada
y se olvida de quién eras,
de todo lo que importaba,
y tú siempre la rescatas
con la sonrisa en la cara,
cuidando a esta tonta adulta
que no ha aprendido nada.

¿Para qué?

Es el arrullo de tu voz.
Es la suave brisa.
El atardecer, el sol.

Es lanza y escudo.
Es parapeto.
Es faro y redención.

Es voz que cura.
Sutura que une
heridas de amor.

Heridas de vida.
Heridas ocultas.
Injusticias y traición.

Poesía eres tú
y soy yo.
Es mirarnos
y entendernos.
Construir un mundo mejor.

Poesía es arma y es bandera.
Es la luz de un nuevo sol.
Es la voz de la trinchera.
Es su voz, tu voz, mi voz.

Es el pájaro que vuela
libre al fin de la prisión.
Es todo lo que merece la pena.
Poesía es la salvación.

FUNDIDO A NEGRO

Ojalá fuéramos eternos
ojalá no nos borrara
la brisa, el mar, el tiempo.
Ojalá se dibujaran
juntos mis dedos con tus dedos
plasmados en un lienzo
y después, fundido a negro.

Ojalá nunca tengamos
que despedir ese momento
tan fugaz y tan nuestro.

Ojalá no tener nunca
que echarnos de menos.
Amanecer con tus ojos
reflejando el sol nuevo.

Ojalá ver siempre tus labios,
buscar los míos sin resuello.
Ojalá nunca te canses
de acariciarme el pelo.

Ojalá este puto instante
sea ya el final del juego,
la meta del caminante,
el descanso del guerrero.

Porque ya no sé sino amarte,
sin ti no quiero alzar el vuelo;
me llevó toda una vida encontrarte
y no quiero buscarte de nuevo.

Vienen

Vienen cuando el sol se esconde:
me rodean, me envuelven con su abrazo.
Vienen con un ejército de sombras.
Vienen a sentarse en mi regazo.

Crecen donde quiera que los oculte.
Pueblan las tinieblas de la noche.
Llenan el cielo de mis pesadillas.
Proclaman una miríada de reproches.

Ya se han ido, pero aún les temo.
Creo que en realidad nunca se fueron.
Están conmigo, adentro, en mi fuero.
Me crecieron, aunque no los regué, los miedos.

CUESTIÓN DE SUERTE

Haces sencillo lo complicado.
Me abrazas,
me besas.
Te quedas a mi lado.

Tus caricias son miel, son bálsamo.
Tu piel... ojalá perderme en tu cielo estrellado,
en tus besos de jazmín robado,
en tus dedos con los míos enlazados.

Haces insignificante el miedo.
Conviertes el dolor del pasado en recuerdo
Sanas con tu luz,
con tu paz,
con tus silencios.

Eres la persona que soñaba,
pero nunca creí que era cierto.
Eres bastión de tormentas,
mar infinito,
mar en calma.

Eres todo lo que está bien
en un mundo que lentamente comienza a arder.
Eres lo que siempre me imaginé
y, joder... qué suerte que te encontré.

ÍNDICE